Coleção Bibliofilia 7

DIREÇÃO

Marisa Midori Deaecto
Plinio Martins Filho

Os Admiradores Desconhecidos
de
La Nouvelle Héloïse

Editor
Plinio Martins Filho

Conselho Editorial
Beatriz Mugayar Kühl
Gustavo Piqueira
João Angelo Oliva Neto
José de Paula Ramos Jr.
Leopoldo Bernucci
Lincoln Secco
Luís Bueno
Luiz Tatit
Marcelino Freire
Marco Lucchesi
Marcus Vinicius Mazzari
Marisa Midori Deaecto
Miguel Sanches Neto
Paulo Franchetti
Solange Fiúza
Vagner Camilo
Walnice Nogueira Galvão
Wander Melo Miranda

Diretora administrativa
Vera Lucia Belluzzo Bolognani
Produção editorial
Millena Machado
Assistente editorial
Carlos Gustavo A. do Carmo
Gerente editorial
Senise Fonzi
Vendas
Luana Aquino
Logística
Alex Sandro dos Santos
Ananias de Oliveira

SERVIÇO SOCIAL DO COMÉRCIO
Administração Regional no Estado
de São Paulo

Presidente do Conselho Regional
Abram Szajman
Diretor Regional
Danilo Santos de Miranda

Conselho Editorial
Áurea Leszczynski Vieira Gonçalves
Rosana Paulo da Cunha
Marta Raquel Colabone
Jackson Andrade de Matos

Edições Sesc São Paulo
Gerente
Iã Paulo Ribeiro
Gerente Adjunto
Francis Manzoni
Coordenação Editorial
Clívia Ramiro
Cristianne Lameirinha
Jefferson Alves de Lima
Produção Editorial
Simone Oliveira
Coordenação Gráfica
Katia Verissimo
Produção Gráfica
Fabio Pinotti
Ricardo Kawazu
Coordenação de Comunicação
Bruna Zarnoviec Daniel

DANIEL MORNET

Os Admiradores Desconhecidos de *La Nouvelle Héloïse*

Tradução
Geraldo Gerson de Souza
Posfácio
Marisa Midori Deaecto

Copyright © 2023 Geraldo Gerson de Souza
Direitos reservados e protegidos pela Lei 9.610 de 19.02.1998.
É proibida a reprodução total ou parcial sem autorização,
por escrito, das editoras.

Dados Internacionais de Catalogação na Publicação (CIP)
(Câmara Brasileira do Livro, SP, Brasil)

Mornet, Daniel, 1878-1954 –
Os Admiradores Desconhecidos de La Nouvelle Héloïse / Daniel Mornet; tradução Geraldo Gerson de Souza; pósfácio Marisa Midori Deaecto. – Cotia, SP: Ateliê Editorial; São Paulo: Edições Sesc São Paulo, 2023. – (Coleção Bibliofilia, v. 7 / direção Marisa Midori Deaecto e Plinio Martins Filho

ISBN 978-65-5580-061-6 (Ateliê Editorial)
ISBN 978-65-86111-86-6 (Edições Sesc São Paulo)
Título original: *Les Admirateurs Inconnus de* La Nouvelle Héloïse

1. Rousseau, Jean-Jacques (1712-1778). *Julie ou A nova Héloïse*
2. Romance francês – História e crítica I. Deaecto, Marisa Midori.
II. Título III. Série.

22-102140   CDD-843.09

Índices para catálogo sistemático:

1. Romances: Literatura francesa : História e crítica   843.09

Maria Alice Ferreira – Bibliotecária – CRB-8/7964

Direitos reservados à

Ateliê Editorial
Estrada da Aldeia de Carapicuíba, 897
06709-300 – Cotia – SP – Brasil
Tel.: (11) 4702-5915
www.atelie.com.br
contato@atelie.com.br
/atelieeditorial
blog.atelie.com.br

Edições Sesc São Paulo
Rua Serra da Bocaina, 570 – 11º andar
03174-000 – São Paulo – SP – Brasil
Tel.: (11) 2607-9400
edicoes@sescsp.org.br
sescsp.org.br/edicoes
/edicoessescsp

Foi feito depósito legal
Impresso no Brasil 2023

SUMÁRIO

Os Admiradores Desconhecidos
de *La Nouvelle Héloïse* ♦ 11

Posfácio – Daniel Mornet, um (Quase) Desconhecido
Entre Nós – *Marisa Midori Deaecto* ♦ 59

Obras de Daniel Mornet em Ordem
Cronológica ♦ 83

DANIEL MORNET

LES ADMIRATEURS INCONNUS

DE LA

Nouvelle Héloïse »

PARIS
ÉDITIONS DE LA REVUE DU MOIS
2, BOULEVARD ARAGO, 2
—
1909

Daniel Mornet, *Les Admirateurs Inconnus de* La Nouvelle Héloïse, Paris, Éditions de la Revue du Mois, 1909.

OS ADMIRADORES DESCONHECIDOS
DE *LA NOUVELLE HÉLOÏSE*

❖

No início de fevereiro de 1761, o livreiro Robin, de Paris, punha à venda, ao preço de quinze libras, seis pequenos volumes mal impressos: *Julie ou La Nouvelle Héloïse, Lettres des deux Amans Habitans d'une Petite Ville au Pied des Alpes, Recueillies et Publiées par J.-J. Rousseau.* Foi um acontecimento literário prodigioso.

Para dizer a verdade, o romance era aguardado com uma ansiosa impaciência. Jean-Jacques escrevia a Rey, seu impressor: apresse-se; o momento é bom; os romances estão ficando raros. Os Duclos ou os Crébillon que encantaram os salões e os *boudoirs* não escrevem mais ou escrevem menos. Aqueles que são lidos na parte de trás da loja, Madame de Villeneuve ou o Chevalier de Mouhy, estão mortos ou envelheceram. E sabe-se que o cidadão de Genebra, em seu filosófico Ermitage, acaba de escrever não mais graves Discursos, mas um romance de amor. Sabe-se porque ele o leu ou o fez ler a todos os tipos de privilegiados, ao rei da Polônia, a Duclos, porque Madame d'Houdetot e Madame de Luxembourg têm cópias dele, porque Diderot e Morellet, debaixo dos grandes castanheiros que lançam sua sombra em volta da casinha, escutaram admiráveis fragmentos dele, porque visitantes protegidos pelo céu, de Margency, Cahagne, ouviram pedaços dele. Em todos os círculos de conversa, não se trata de outra coisa a não ser da próxima obra. Madame de Luxembourg falou dela na corte, Madame d'Houdetot em Paris, Duclos na Academia. O jornalista Bastide tentou basear nela o sucesso de uma nova folha: duzentos luíses pelo manuscrito enquanto o impressor Rey paga apenas noventa. Pergunta-se aos familiares do Ermitage: dessas cartas, Rousseau é o editor ou o autor? Os livreiros da rue Saint-Jacques ou do Palais-Royal são assediados por perguntas. A fama cruza a fronteira:

Tenho em mãos, escreve Rey, cartas da Alemanha, de Genebra, de Paris, onde vejo que se conhece o romance não apenas pelo título, mas também pelo que ele contém.

Ora, ocorre que o romance nunca chega. Rey e Rousseau implicam um com o outro:

– Você nunca manda provas.

– Você nunca as devolve.

A obra, que devia aparecer em 1760, somente vai deixar a Holanda em dezembro. Por economia, é enviada pelos canais e pelo mar. Mas estamos no inverno, os canais estão congelados, o mar está encrespado. Paris espera e não chega nada. Na verdade, existem três exemplares que foram enviados a Malesherbes pelo correio. Dos três, dois estão circulando. "Eles são disputados, escreve De Lorenzi, e passam-se as noites de insônia a lê-los." Mas é pouco para os que se estão roendo de impaciência. Finalmente, os fardos são desembarcados. Todos se precipitam para a loja de Robin: Robin abandona os pacotes no celeiro. Malesherbes interveio e por interesse por Rousseau autorizou uma impressão imediata. Ela renderá mil libras a Jean-Jacques e os exemplares da Holanda somente sairão da livraria depois dos de Paris. No entanto, na edição de Paris, Malesherbes mandou fazer, com a anuência de Jean-Jacques, todos os tipos de supressão. É um Rousseau edulcorado, e muitos, como La Condamine, se recusam a adquiri-lo. Finalmente, Robin desamarra os barbantes: a verdadeira *Nouvelle Héloïse* está à venda. Foi um desencadear de paixões.

Rousseau confessa isso em suas *Confessions*, mas ele o confessa com demasiada modéstia[1]. Todos aqueles que nos falam dele competem em hipérboles. "As edições desaparecem num piscar de olhos", escreve um. Nos locais de passeio, escreve outro, "há somente uma voz a exaltá-lo até às nuvens".

---

1. Observemos, portanto, que tudo o que nos diz Rousseau sobre a espera e o sucesso do romance é, ademais, confirmado por todos os documentos.

"Toda Paris para Rodrigue tem os olhos de Chimène", garante La Condamine; o padre Brizard conta que lhe custava doze *sous* a hora e por volume para ter a obra. No interior, sapateia-se de desejo. Em Lyon, Rouen, Bordeaux, Avignon, Liège, reproduz-se fraudulentamente o romance às pressas. Em Hennebont, alguém se queixa, em 5 de junho, de não ter sequer uma reprodução fraudulenta. Em Vrès a espera é sempre de três meses. Os anos passam e os leitores não diminuem. Em quarenta anos, até o final do século XVIII, enquanto os romances mais lidos não superam três ou quatro edições declaradas, de *La Nouvelle Héloïse* há *pelo menos* sessenta a setenta edições fraudulentas.

Assim, talvez desde *Le Cid*, nenhuma obra agiu com mais profundidade sobre a opinião pública. Por que foi acolhida com tanto calor? Sabemo-lo num sentido e mesmo até demais. De Voltaire ou Grimm ao menor escrevinhador de letras não existe ninguém ou quase que, a propósito ou fora de propósito, não tenha acreditado que deva nos dizer o que dela pensava. Mas nem todos os que escrevem não são todos os que leem. Não são nem mesmo os que leem melhor ou acolhem com mais sinceridade as obras novas. Sabemos o que as pessoas letradas pensaram de *Julie* e elas na ocasião pensaram dela muitas asneiras. Por isso Rousseau desconfiava dos literatos e quase não escrevia para eles. Sabemos menos quantas emoções fermentaram nas almas de Hennebont e de Vrès ao lerem o idílio trágico de Julie e de Saint-Preux. Cem mil a duzentos mil exemplares não foram colecionados por Voltaire ou Madame du Deffaud. O que importaria talvez é vê-los, pelas diligências e pelos coches aquáticos, desembarcarem nos quatro cantos do país e escutar que rumores eles despertam, que forças novas eles preparam.

Ocorre que o que não é possível, ou quase, para nenhuma obra literária antes do século XIX, torna-se fácil para *Nouvelle Héloïse*. O que nos interessa é justamente o que interessou ao próprio Rousseau. Este inimigo dos homens não desdenhou muito a não ser da presença deles. Guardou o que vinha deles desde que falassem dele mesmo e colecionou mais de duas mil cartas de correspondentes. Legadas a du Peyrou, encontram-se atualmente

(1909) na biblioteca de Neuchâtel. De toda esta miscelânea manuscrita ele pensava até em não tirar outra coisa a não ser o prazer de classificar e os meios de justificar as *Confessions*. Teve a ideia de reunir e publicar todas as cartas relativas a *Nouvelle Héloïse*. Em cima de cada uma delas escreveu para reconhecer: "Sobre *La Nouvelle Héloïse*". O maço permaneceu durante algum tempo nas mãos de Madame de Nadaillac. Desse projeto de uma coletânea ele fala com prazer. Mostra o pacote todo preparado a um de seus visitantes em Motiers, anunciando que talvez o edite. O impressor Rey, à espreita de alguns negócios rendosos, pede-lhe por duas vezes para pensar nisso: "Não vai publicar sua coletânea de cartas sobre *Julie*?" Quando está escrevendo a segunda parte das *Confessions*, Rousseau sempre pensa nas cartas. Mas tinha muitos processos para se defender de seus inimigos reais ou imaginários. A Coletânea continuou inédita. E ainda está até hoje (1909)[2].

2. Algumas cartas assinadas de nomes conhecidos foram publicadas por Streckeisen-Moulton, em *J.-J. Rousseau. Ses Amis et ses Ennemis*, Paris, 1865, 2 vols. in-8º.

Acontece que ela é singularmente pitoresca e significativa. Primeiramente, pela classe social daqueles que escrevem e porque tratamos de negócios com pessoas que não costumam discutir suas impressões. Certamente, com nomes conhecidos e amigos de Rousseau, há pessoas de grande classe: o Barão de Bormes, Séguier de Saint-Brisson, o Cavaleiro de Toussaint. Mas outros admiraram Rousseau e lhe participaram isso. Oficiais: Le Cointe ou François; um marinheiro: d'Augier; preceptores: La Chapelle ou Sabatier; um ex-seminarista: Serpillon; um professor de matemática: Rousseau; provincianos que se limitam a dizer o nome: Fromaget, d'Hennebont; Madame Duvergé, de Saint-Jean--d'Angély; Madame Bourette; um patife que vive em concubinato na casa de um oleiro de estanho; estrangeiros: Nepomuc Schœffner, que estuda filosofia em Bamberg, a Condessa de Wartensleben, que lê Jean-Jacques em Mogúncia etc.; melhor ainda, anônimos que somente quiseram trazer-lhe seu incenso ao altar; pessoas de muita fé e poucas letras, que dizem o que sentem como ele se encontra: como a carta de Prud'homme, pintor em casa de Madame Sirreuil, na rue l'Évêque, outeiro de Saint-Roch, que comenta simultaneamente a *Nouvelle Héloïse* e o *Émile*:

> Sinto um vivo pesar ao ler sobre a morte desta mãe virtuosa e sensível; por que a levastes à morte por esse funesto acidente. […] Tenho a honra de conhecer uma senhorita encantadora… Parece que, ao construir a bela Sophie, quisestes pintar Mademoiselle Hemery. Tenho a vantagem de fazer-lhe o retrato num quadro, mas jamais será tão semelhante quanto aquele que lhe fizestes sem o saber.

Todas essas cartas não têm a mesma simplicidade ingênua. Ao lado dos panegíricos anônimos existem umas em que são escritas três ou quatro, oito ou trinta e duas páginas apenas para preparar uma assinatura e um endereço. Nelas aparece, já curiosamente, que até no mais fundo da província se sabe que ser um homem de letras é agora uma carreira, e uma carreira à qual os piores atalhos devem conduzir diretamente. A perigosa quimera da "Vida de Boêmio", prefácio fecundo da glória, começa a instalar-se nos cérebros. É em Rousseau que se confia. Por isso, Voltaire é rico, senhor de Tournay e de Ferney; Diderot não passa de um fazedor de dicionário, e Marmontel, que atinge a glória, aí chegou por caminhos demasiado seguros e demasiado pacientes. De Rousseau sabe-se pelo menos que sua vida é misteriosa, que conquistou de uma só vez a fama e que este cidadão de Genebra vive como um solitário singular. É para ele que se voltam alguns daqueles que já pensam em transpor de repente "a Etapa". De Sabatier, preceptor em Toulouse, de Nepomuc Schœffner, estudante de filosofia em Bramberg, de Serpillon, ex-seminarista, de Rousselot, que escreve prosa em Paris, de Rochefort que verseja em Cette, sabemos apenas breves confidências, e suas cartas traem sempre, com o desejo de um autógrafo, a esperança de um elogio e de uma proteção. Outros são mais loquazes. Jullien é filho de burgueses abastados que sem dúvida quiseram obrigá-lo "a dar pano a seus amigos em troca de dinheiro". Mas esses medíocres destinos o indignaram. Fugiu da casa paterna. Veio para Paris estudar retórica. Conheceu a angústia dos dias pobres e o deleite das noites estudiosas. Depois Jean-Jacques interveio. Ele leu *Émile* e *Nouvelle Héloïse*. A virtude ardeu-lhe no coração. Reconciliou-se com o pai e prefere, "à glória frívola de homem de espírito e de erudição, a reputação mais honrosa de filho respeitoso e terno e de bom cidadão". Feliz conversão! Teria sido sincera? A carta é desagradavelmente maquinada com recursos de retórica de colégio: eu não ousaria vos elogiar, grande Rousseau, mas, para que minha sinceridade centelhe, recopio tal qual esta carta que escrevi a vosso respeito. Jullien não passa seguramente de um ambicioso e pensa em forçar a porta do Ermitage com a falsa chave da virtude.

La Chapelle põe-se a contar menos precauções austeras. Filho de um lavrador das montanhas do Dauphiné que tinha algum dinheiro, foi confiado a um velho eclesiástico que se encarregou de alimentá-lo com o amor pelas belas-letras. Infelizmente, o eclesiástico faleceu e La Chapelle ficou sem recursos. Como retornar para suas montanhas! Tinha adquirido o hábito dos livros e perdido o da enxada e, se gostava dos camponeses de Virgílio, desconfiava dos montanheses do Dauphiné. O pai deu-lhe algum dinheiro. Ele se dirigiu para Lyon e, sem saber que professava onde Rousseau havia ensinado, assumiu o cargo de preceptor. O amor se mistura com o trabalho, e a irmã de seu aluno, sem consentir nos últimos favores, provou-lhe sem contestação que o amava. Mas o amor não enriquece. La Chapelle compôs uma carta em versos que lhe custou somente dez dias de trabalho. Levou-a um livreiro que lhe ofereceu por ela "cem golpes de bastão e duas provas acima do mercado". É demais ou pouco demais, evidentemente, e somente Rousseau pôde tirá-lo de lá com uma recomendação a algum personagem poderoso. O primeiro passo é dado de algures: "Conheci uma pessoa que poderá me ser útil".

No entanto, esses jovens com pouco dinheiro e pouca literatura, se têm algumas confidências pitorescas, não são aqueles cuja prosa pode nos emocionar. Também outros escreveram a Rousseau e não merecem ser lidos ou que se faça um resumo do que puseram no papel. São todos aqueles que fizeram um esforço para julgar e para dissertar. Instituíram discussões, judiciosas na ocasião, mas que não nos mudam muito do que conseguiram dizer d'Alembert ou Fréron. Eles também pesaram em seu peso justo o estilo e as personagens, a conduta e a moral do romance: "Eu não chegaria ao fim, escreve o Cavaleiro de Margency, se vos falasse de todos os tolos que pretendem julgar *Julie*". Entre os tolos está Pierre de La Roche, sem sombra de dúvida. Ele manda pelo correio trinta e quatro páginas in-4º que Jean-Jacques, ao preço em que estavam os portes, pagou mais caro do que valiam. Rey, o excelente Rey, quase deixa de lado sua *finesse*, quando sai de suas provações. Alguns têm mais desembaraço de estilo e mais segurança de julgamento: Cahagne, por exemplo, o secretário do Marechal de Luxembourg, ou Daniel Roguin, o amigo de Rousseau, ou a jovem e encantadora e fina suíça Julie de Bondéli, já famosa por sua graça e por seu espírito. Temos dela, por intermédio de Usteri, que a transmite a Rousseau, uma carta calorosa e penetrante.

Muitos outros, porém, no século XVIII, podem nos ensinar o que é *finesse* e penetração. Pedimos antes a nossos inéditos como se compreende e como se admira quando não se presta atenção ao estilo da crítica. Cinquenta cartas estão aí para nos ensinar isso. Elas nos revelam, primeiramente, quanta exaltação o romance de Rousseau despertou nas almas de seus leitores. Essas cartas não são elogios, são hinos e ditirambos. Com um maravilhoso e súbito desembaraço, burgueses ou pessoas da sociedade, grandes damas ou pessoas do povo falam a Rousseau a língua que ele lhes falava e que, segundo parece, ele devia lhes revelar. Não é porque nesta data fossem raros os romances em que as paixões e a virtude levavam ao heroísmo e à morte. Nos livros famosos de Duclos, as *Confessions du Comte de* ***

e a *Histoire de Madame de Lux* desenrolavam, por sua vez, dramas de amor e de morte, de crime e de castidade. Mas eles os narravam com uma secura de análise e uma concisão desdenhosa de estilo que perturbavam o espírito sem tocar o coração. Alguns anos antes de Rousseau existira Monsieur de Bibiena para escrever o *Triomphe du Sentiment*, como Mademoiselle Brohon para publicar os *Amants Philosophes ou le Triomphe de la Raison*. Mas o sentimento de Monsieur de Bibiena falava do mesmo modo que a virtude de Mademoiselle Brohon, com a chata monotonia de um relatório da polícia. E os romances tão lidos de Madame Riccoboni não levavam suas heroínas a passear por entre as loucas aventuras, a não ser para igualar a secura de sua linguagem ao romanesco de seu destino. Ora, acontece que esses leitores e leitoras de Jean-Jacques que nada preparava, ao que parece, para manejar o que Julie chama "a linguagem do coração", se dão bem imediatamente com o lirismo das efusões. Decerto, *La Nouvelle Héloïse* é realmente na literatura francesa, e sob todos os aspectos, a revelação de um estilo e a renovação de um modo de sentir. Dela aos romances do século XVIII que a precedem existe o abismo do cérebro que analisa a chama de paixão que "queima o papel". E, no entanto, os leitores mais obscuros de Jean-Jacques compreenderam-no tão bem imediatamente que lhe escreveram no mesmo estilo que ele criava para eles. A espera da obra nova era tão inconscientemente profunda que essas almas se acham de repente em uníssono com aquele que lhes revela as obscuras potências delas mesmas e que triunfa de um passado já morto.

Em primeiro lugar, as mulheres foram conquistadas inteiramente por aquele que as compreendia tão bem em suas fraquezas e em suas virtudes. Madame Cramer, em Genebra, leu "cem vezes o romance desde que ele caiu em suas mãos". Ela não admira Rousseau, ela o ama com o amor espiritual conveniente:

Meu coração ficou emocionado quando o li; o sentimento que me atrai para vós é tão terno e tão vivo que alguma outra ficaria alarmada; quanto a mim, conheci a obra de modo diferente demais para me desconfiar deste.

Uma anônima confessa a Jean-Jacques suas "sensações de arrebatamento". É "um fogo que devora; […] quantas lágrimas derramei, quantos suspiros, quantas dores". Madame de Guigniville retirou-se para o campo, numa "querida solidão". Foi lá que recebeu *Julie*, foi lá que o leu com frêmito e angústia: "A morte de Julie deixou-me o coração apertado por mais de oito dias". Outra anônima, uma grande dama que é sem dúvida a Duquesa de Polignac, ainda está toda vibrante de emoção: "o primeiros volumes lhe arrancaram lágrimas". Quanto ao sexto, acreditou que era "a irmã, a amiga, a Claire de Julie". Se não tivesse deixado o livro, "teria se sentido mal". De repente, teve vontade de atrelar sua carruagem e correr para Montmorency.

Que as mulheres acreditassem ser a irmã, a Claire de Julie, não existe nisso senão o contágio de emoções que ecoavam facilmente nelas. Mas os homens falavam como elas, e os arrebatamentos, os êxtases, os frenesis extravasam incansavelmente. Os amigos de Rousseau esgotam as fórmulas líricas:

O que eu vos diria, escreve Cahagne, não de cada carta, mas em toda a parte de cada frase mesmo, mas de cada palavra que não deixa nunca de ser um novo traço para o sentimento ou para a imagem [...] já por dez vezes que, ao lê-lo, derramo as lágrimas doces com as quais eu quase ousaria dizer que o coração se rega para desabrochar [...] não é possível suportar as terríveis situações do terceiro livro: tem-se de sufocar, tem-se de deixar o livro, tem-se de chorar; tem-se de vos escrever que se sufoca e que se chora... Sem dúvida, gosto muito de me enternecer, gosto de chorar. Mas não se poderia gostar de uma dor por demais pungente e por demais forte que oprime, que sufoca ou que dilacera. É bem esse, certamente, o efeito contínuo de tudo o que se refere à morte de Julie.

Gauffecourt não conseguiu suportar as emoções. Foi obrigado a interromper a leitura, a ler apenas algumas páginas de cada vez. Daniel Roguin faz troça de si mesmo: "Estou convencido de que uma grande constipação que eu tinha quando o lia passou mais rapidamente do que teria acontecido, por causa da quantidade de lágrimas que ele me fez verter". Graves pastores se entusiasmam tanto quanto os jovens:

Dez vezes, disse Roustan, deixando cair o livro de admiração e de alegria, eu vos procurava à minha volta para abraçar-vos os joelhos.

Li vosso romance, escreve Vernes, com um prazer muito vivo; reli-o com arrebatamento, e vou relê-lo muitas vezes, embora me pareça que já o sei de cor, tão viva foi a impressão que ele causou em mim.

Os desconhecidos falam do mesmo modo que aqueles que a amizade encoraja a externar as mais ardentes simpatias. As horas que passaram brilham ainda em sua lembrança como alegrias sem volta. Ah! canta de la Sarraz, o quanto ainda tenho para saborear essa obra-prima... Quero ler em um dia a *Ilíada* de Homero, e para esse Corydon fecha bem a porta sobre mim...

Li *Nouvelle Héloïse*, e queria não o ter lido... eu fecharia minha porta a chave... sentiria minha alma emocionar-se, meu coração palpitar e meu espírito cair num doce devaneio.

Voltaire zombava daqueles suíços cujas almas "correm e fundem-se como a água". Fromaget de Hennebont não achou isso tão ridículo. Fixou a ardente metáfora: lágrimas deliciosas, leitura querida demais, "a cada passo minha alma se fundia". François, ex-corneteiro da cavalaria, foi menos corajoso diante da morte de Julie do que diante das espadas e dos canhões:

Fiquei três dias sem me atrever a ler a última carta de *Monsieur* de Wolmar a Saint-Preux... Julie morta ou moribunda era uma ideia que eu não podia suportar... esta leitura causou em mim uma emoção tão forte que acredito que naquele momento eu teria visto a morte com prazer.

Ah!, proclama Jullien, a terra não é mais digna de ti, ó Rousseau:

Tenho o *Émile* e a *Héloïse*. Estas obras divinas ocupam um lugar em minha biblioteca... Tens a alma sensível de Saint-Preux e a generosa amizade de Milord Bomston? Ah! se não é desse modo, ser único sobre a terra que ela é pouco digna de tua permanência... Permite, permite, caro Rousseau, que eu vá beijar tuas pegadas enquanto espero que eu possa segui-las.

Entendamos: enquanto espero que possa seguir o caminho de teus sentimentos e de tuas virtudes. Isso porque todos esses correspondentes não têm outra coisa a fazer que pensar na literatura e na arte. Que o romance seja mal conduzido, que suas personagens sejam mal compreendidas e que o estilo desdenhe das exigências do gosto, era o que Voltaire ou Grimm deixavam concluir. O romance os arrebatou; ele lhes lavrou a alma. É apenas isso que querem dizer a Jean-Jacques. Rousseau não escreveu para os doutos, nem para as regras. Ele escreveu para agir, para convencer, para converter. E as cartas que conservou piedosamente puderam assegurar-lhe que conseguira atingir o mais fundo possível; e que lá, por onde passara, alguma coisa tinha mudado.

Por isso este romance, onde hoje encontraríamos de bom grado tantas passagens demasiado longas e vãs, e tantas complacências de autor inúteis, pareceu na ocasião a todos que o liam uma realidade toda fremente de vida. As mulheres, disse Rousseau, ficaram convencidas "de que eu tinha escrito minha própria história". Ele não inventa nada. Entre todos os que fizeram a peregrinação ao Léman, não houve ninguém que não tenha querido pelo menos encontrar o quadro completo desses amores e a casa de Wolmar e o Elysée de Clarens. Acreditou-se também que Julie e Saint-Preux não saíram já amantes do cérebro do autor. Laclos, o frio Laclos, dirá vinte anos depois: em todos os romances o autor "bate nos flancos para se aquecer, o leitor continua frio"; mas *Héloïse* chega ao fundo do coração e isso "porque eu acredito que o fundo é verdadeiro". Foi no que acreditou Laclos, os contemporâneos o afirmaram com mais facilidade. Antes que a edição saia a público, muitos já se inquietam para saber se o papel de editor que Rousseau confessa ser é ou não uma ficção literária. Jean-Jacques não diz sim nem não. Para ele isso não tem importância. Os leitores acreditam não em seu silêncio, mas nas inquietações que desperta neles.

As mulheres mais sensatas, escreve Roguin de Paris, queriam sê-la (Julie) desde que tivesse sido o terno, constante e delicado Saint-Preux que as tivesse feito tombar. Elas se convenceram de que é a história dele e não um romance que vós escrevestes, sob o fundamento de que não se pode falar com tanta pertinência do amor sem o sentir.

De Saint-Jean d'Angély se escreve como de Paris:

Esta mulher viveu? Tendes amor à verdade. Falei-me sem desvio. Muitas pessoas que leram vosso livro e a quem eu falo dele me garantem que é jogo de espírito de vossa parte; eu não poderia acreditar nisso.

Era, assim, às almas vivas e não a seres de razão que se queria fazer honra das potências novas ou obscuras que se despertavam. Isso porque foi realmente essa, e como queria Rousseau, a primeira força do romance. Ele fez jorrar inesgotavelmente as fontes vivas do sentimento. Fontes já escondidas ou dormentes no fundo dos corações. Mas o mesmo não aconteceu com o regato de Clarens desdenhado e perdido no campo e que pela arte de Julie canta em seu jardim, centelha ao sol e se alarga em lençóis transparentes. Todo o mundo lá em cima era concorde.

Acredito, dizia d'Alembert, pensando em seu amor sem esperança por Mademoiselle de Lespinasse, que o mérito do romance não pode ser sentido realmente a não ser por pessoas que tenham amado com tanta paixão quanto ternura, talvez mesmo a não ser por pessoas cujo coração esteja realmente penetrado por uma paixão profunda, feliz ou infeliz.

E o frívolo *Mercure* julga como o sisudo geômetra:

Nosso sexo, escreve Madame Marquesa de *** a Madame Condessa de ***, sentiu melhor do que os homens as diferentes belezas de *Nouvelle Héloïse*. Por pouco que se procure a causa desta viva impressão, vai-se encontrá-la na verdade do sentimento cada vez mais próximo do gênio e da razão que das sutilezas da crítica.

Os correspondentes de Neuchâtel não falam de outra maneira: vós sois o pasto das almas sensíveis. "Eu sou amante e li vosso *Héloïse*", escreve, de Marseille, Megy de Saint-Maurin. Cassius é amante: somente vós é que podeis compreendê-lo, diz a Condessa de Wartensleben. Sou amante de uma amante ainda respeitada, confessa La Chapelle. Amo sem esperança, sem mesmo que alguém conheça o meu amor, confessa Louise de Mauléon. A todos aqueles *La Nouvelle Héloïse* confirma sem dúvida o que eles já sentem. Ela dá apenas a seus sentimentos a alma harmoniosa que lhe multiplica as vibrações. Para outros é uma luz que mergulha num mundo novo. Sois vós, repete Seguier de Saint-Brisson, que me guiais para o país maravilhoso das emoções verdadeiras.

[...] quando eu me indigno com minha frieza e com a pouca sensibilidade de minha alma às belas coisas que tenho diante dos olhos, quando eu as elevo ao céu ou quando a abaixo sobre vossas obras.

Vós tendes, escreve um apaixonado, "devolvido a vida a meu coração", e Cahagne confessa que para ele o mundo mudou de rosto: "Julie aprendeu para meu agrado uma maneira totalmente nova de considerar as coisas".

Mas para Seguier de Saint-Brisson, para Cahagne e para todos os outros, isso ainda não é o essencial. O filtro poderoso onde eles se embriagam não é a razão do romance nem as aspirações profundas que ele sugere. Sem dúvida, nele está cercado o romantismo, toda a atração soberana dos amores irresistíveis, dos sofrimentos melhores que as alegrias e as cumplicidades apaixonadas das coisas. No entanto, foram necessários outros livros para acabar com o romantismo romanesco, para convencer de que nada é bom senão emocionar-se, e que nada prevalece contra as passionais exaltações. Nem René nem Chactas sabem querer, mas Julie e Saint-Preux são daqueles para quem o ideal é mais forte do que o desejo. Rousseau quis que eles o ensinassem a todos aqueles que o seguissem com suas fraquezas a suas energias. Quimera, há quem diga, e Julie esposa desaparece na irradiação de Julie amante; vã sensatez, porque a vida conjugal é medíocre e são as alegrias perdidas e culpadas que arrastarão os corações após si. Talvez. Mas para os primeiros leitores tudo o que Rousseau pretendeu ensinar foi entendido. A Julie pregadora fastidiosa não ficou entediada; ela reafirmou; ela converteu. Se a chama do romance queimou as almas, parece realmente que ela as purificou. Por isso, não se erra em dizer o sentimento do dever. Foi aquele sentimento que Julie deu como o sentimento *tout court*: "Heroico e romanesco", diz dele o próprio Rousseau. Foi realmente desse modo que ele foi compreendido.

É primeiramente sobre a virtude de Julie que se discute e é por ela que todos se apaixonam. Monsieur Perey folheou correspondências onde não se conseguiu se zangar por causa da virtude de Héloïse. Os que a defendem falam alto:

> Eu tenho filhas, escreve Madame de Valmalète, que não são perdidas e que não quero perder, que eu mesma eduquei e, atrevo-me a dizer, de acordo com os princípios de Julie, […] mas estou de todo tranquila. […] a virtude reina em vosso livro apesar de todos os pequenos desvios que ela pode fazer.

"Sócrates", confirma Pernetti, "era o parteiro dos pensamentos, vós sois o das virtudes". Mais tarde Madame Roland, lendo *Nouvelle Héloïse*, escreverá:

> A mulher que o leu sem se ter achado melhor após esta leitura, ou pelo menos sem desejar tornar-se

melhor, não tem apenas uma alma de lama, mas um espírito apático.

Já em 1761 era a opinião do tenente de caça Le Roy, aquele que mandara construir, no mais fundo de seus bosques, um cubículo solitário onde isolava seus sonhos:

Infeliz daquele que ler esta obra sem ter com isso um forte desejo de se tornar melhor, esse homem não vale nada.

Para alguns, Rousseau é apenas o sábio que dá tranquilidade, aquele a quem escutamos para melhor compreender que o escolhemos de fato:

Dois amigos, escreve Rousseau de Nantes, professor de matemática, passeando há alguns dias, encaminharam sua conversa para a *Nouvelle Héloïse*, que tinham acabado de ler. Depois de tê-lo elogiado, seus corações, ainda ébrios com a doce sensibilidade que nele se bebe, abriram de repente seus corações para fazerem esta mútua confidência: que lhes parecia que a leitura desta obra os tinha tornado melhores; que viviam desde então com mais satisfação no seio de sua família; que suas mulheres e seus filhos lhes tinham se tornado mais queridos; e que, enfim, se enterneciam todas as vezes em que seus negócios, após tê-los feito sair de casa, lhes concediam a liberdade de retornar a sua morada.

Le Cointe, capitão de cavalaria, tem 28 anos. É casado; tem quatro filhos:

[...] afeiçoado sinceramente a uma esposa jovem, vós nos tendes dado a conhecer, aos dois, que o que nos parecia apenas uma simples afeição, pelo hábito que tínhamos adquirido de morar juntos, é o amor mais terno.

Amor cuja doçura é fruto não dos desejos passageiros, mas da união inalterável dos corações:

Se eu tivesse de escolher entre o destino de Wolmar, possuidor da divina Julie, e o de Saint-Preux, que tinha apenas seu coração, eu não hesitaria um único instante.

Para este capitão a virtude é a felicidade. Loiseau De Mauléon não tem por si a não ser a doação de si mesmo àquela que ele escolheu. Talvez a amante platônica tenha adivinhado que é amada, mas De Mauléon nada sabe sobre ela:

Minha Julie mereceria realmente encontrar um pintor como sois. Pelo menos encontrou um homem que a ama tanto quanto vós a amais. [...] Acreditai que ignoro sempre se ela paga algo em troca de meu interesse por ela! E por que teria eu necessidade de o saber?

[...] E terei até o fim passado meu tempo na terra
Não ousando pedir nada e sem ter recebido nada.

Julie fez muito mais. Transformou as almas:

Um homem mau assim, escreve Roustan, desmascarado, apressado, dominado por vossa ardente eloquência, fará talvez contra a vontade dez boas ações e evitará dez crimes para escapar da infâmia com que impregnais o vício.

Le Comte talvez não seja um homem mau, mas é um fraco que rolou de degradação em degradação. Sou, escreve ele, de uma família de vilarejo, estimada. Segui a profissão de meu pai. Mas ele era medíocre e eu logo o menosprezei. Corri atrás das aventuras. Perdi o respeito por mim mesmo e o prazer da honestidade. Estou agora com vinte e oitos anos de idade. Vivo de expedientes em casa do Monsieur Marchand, oleiro de estanho. Mas li vossa *Julie*. Ela lançou em minha alma "a perturbação e a desordem".

O primeiro meio de que a Providência se serviu, sem dúvida, para me recobrar de meus erros foi me fazer conhecer vossa *Nouvelle Héloïse*. Tenho tido vontade de compartilhar meus bons sentimentos com a infeliz que compartilhava de minhas perturbações, e tive enfim o prazer de ver que ela tinha lido vosso livro com bons resultados.

Agora pelo menos terei a coragem de viver. Eu pensava na morte, "e que bem não me fez vossa carta sobre o suicídio".

OS ADMIRADORES DESCONHECIDOS DE *LA NOUVELLE HÉLOÏSE*

Se ele salvou Le Comte da morte, Jean-Jacques salva Seguier de Saint-Brisson do desespero; Seguier que conhecemos pelas cartas enviadas de Neuchâtel, por Rousseau que lhe escreveu e o amou e por algumas obras que publicou. Um sincero e um escrupuloso como o próprio Jean-Jacques; que sonhou em devotar seus dias à felicidade da humanidade, que queria seu Berry inocente e pobre, mas não, como propunha Mirabeau, rico e corrompido; que abandonou sua carreira de oficial por amor aos homens, depois a retomou sob insistentes pedidos de Rousseau. Se ele tem a alma nobre, tem o coração terno e, às margens do Lago de Genebra, encontrou como Julie o amor que não procurava:

Uma marquesa muito bonita, amiga de todo o hotel de Nivervais, me encarregou de vos oferecer um castelo que ela tem no Condado de Avignon… Eu posso garantir-vos que essa jovem é a mais honesta e a mais amável de todas aquelas que vos amam, amável a ponto de eu ter de me censurar por tê-la visto nas margens do lago, porque este ar não tem sido muito bom para mim. Foi ela que se juntou a vós para me mergulhar no serviço que eu tinha abandonado; este jugo me parece bem leve depois que me foi imposto por mãos tão doces. [...] Li quotidianamente *La Nouvelle Héloïse*. Devo dizer a vós, devo me confessar a mim mesmo, estou amando, e aquela que me ama não iria mais querer me ver se ela soubesse o fogo que me consome. Insensato jovenzinho! Oh! Platão, tu me enganaste! A vida de Julie suaviza-me a amargura e retifica-me o coração. Ah! Se vossos inimigos pudessem conhecer qual é o efeito que ela produz nos corações honestos e a analogia que ela tem com o que se passa em mim, eles cessariam de vos negar a verossimilhança e a utilidade.

Mais singular ainda é a história que a Condessa de Wartensleben narra longamente de Mogúncia. É de "Cassius" que se trata, e de "Antonia", e é Rousseau o único que, tendo nas mãos a chave das almas e dos destinos, pode decidir sobre o que eles serão. Cassius foi educado no amor ao bem e no entusiasmo pelo sacrifício. Sua imaginação foi aquecida "graças a quadros tocantes de humanidade e de virtude". Sobreveio a idade das paixões e por felicidade pôde conter seus sentidos por meio do coração. Conheceu uma mulher "respeitável, intacta para os costumes" que lhe entregou sua ternura e nada mais. As duas, Antonia e a Condessa conseguiram "formá-lo de modo tão visível que todos os pais, surpresos, o apontavam a seus filhos como modelo". Tinha chegado a idade de homem, a idade de agir. Cassius parte numa viagem de dois anos – sem dúvida para alguma missão diplomática. – Lá, todos os germes do passado se desenvolvem. Cassius não sonha com outra coisa senão com o heroísmo. Jura que "doravante não amará senão a sua pátria".

Ele havia jurado longe de Antonia. Quando a reviu, toda a chama incubada o abrasou. A paixão exaltada fez com eles o que tinha feito com Julie e Saint-Preux. Antonia se entregou. Mas, tal qual Julie que continuava filha em sendo amante, Cassius para ser amante tornava-se heroico. A pátria o convocava para sua libertação. Longe de Antonia era preciso servi-la. Ele partiu "para deveres indispensáveis".

Desde aquele momento prosseguiu a luta entre seu coração de amante e sua vontade de patriota. Antonia dá à luz. O filho vagindo parece implorá-lo. Que importa! A pátria o espera. Cassius vai afastar-se para sempre: "Parte, diz Antonia. Tu és maior do que eu. Eu me sacrifico". E este sacrifício foi mais forte do que as orações. Cassius, vencido, fica; o emprego que ele ambicionava lhe escapa.

Ai de mim! quando a Condessa escreve, o último ato do drama se desenrola. Inopinadamente, fazem novo apelo a Cassius. O heroísmo reconquistou-lhe a alma:

[...] Alba vos chamou, não vos conheço mais.

Ele parte sem dizer nada; escreve:

Madame, consegui não ser mais filho, nem esposo, nem pai, nem amigo, nem parente, nem irmão... Consumei o sacrifício mais horrível que nunca homem algum fizera desde que o mundo é mundo.

Belo problema, digno de Plutarco, e que deve ter encantado Rousseau. Vós tendes de decidir, implora a Condessa. Cassius foi tentado vinte vezes a vos consultar. Escrevei-lhe. Dizei-lhe, se pensais nisso, que ele se extravia, "que deve continuar filho e pai e pelo menos amigo para Antonia".

Existem menos histórias edificantes e mais conversões singulares. De La Neuville viveu justamente a aventura de Héloïse. Preceptor, ele seduziu seu aluno. Como Monsieur d'Etanges, o pai, pouco preocupado com um casamento desigual, propôs à filha outro esposo. Por muito tempo tudo foi arranjado no melhor da imoralidade. A filha casada retomou pacificamente o amante. A vida corre nesse amável compromisso quando o fervente La Neuville se lembra de levar *Nouvelle Héloïse* à sua amante. Belo livro para amantes, ele pensa. Livro temível para uma esposa culpada, conclui a amante. Ele arde de desejo de imitar as virtudes de Julie. Afasta para sempre La Neuville que não tem outros recursos que narrar a Jean-Jacques sua desventura: "Quanto a mim, entregue a toda a minha dor, eu te juro um ódio eterno".

Pelo menos Julie não se afasta de Saint-Preux. Ela concede o amor conjugal e a amizade amorosa com um desembaraço muito perigoso. Os contemporâneos estavam tão certos da onipotência da virtude que aceitaram sem inquietude o compromisso da vida a três. Houve até um leitor e uma leitora de *Julie* para interpretar excentricamente os conselhos de platonismo. Foi o aventuroso La Chapelle e a irmã de seu aluno. Eles se amam. Castos amores ainda. Mas *La Nouvelle Héloïse* aparece. La Chapelle o lê.

É nossa história, ele exclama, e leva os dois primeiros volumes à sua Zélie; vamos ler juntos os volumes que se seguem; meu quarto vos está aberto. […] A amante chega toda fremente. […]

Mas aqui devemos deixar a La Chapelle a responsabilidade pelo que Rousseau em sua resposta tachará de detalhes indecentes e de romance escandaloso:

> Mil beijos que ela me permitiu tomar de sua boca, os encantos de seu seio que ele entregou à minha discrição tinham de tal modo abrasado meus sentidos que, em minha embriaguez, eu ia... Ela deteve meus esforços e me falou em termos que Julie e seu amante não teriam desaprovado... Tive vergonha de minha fraqueza; como um risco de fogo o encanto da virtude penetrou-me a alma... Continuamos a nos ver quase todas as noites... Eu me deitava no meu quarto e muitíssimas vezes com ela; cem vezes eu a vi desmaiada em meus braços...

Se *La Nouvelle Héloïse* se tornara responsável pelo romance de uma semivirgem, ela o foi também pelo de uma Madeleine. Louison tinha quinze anos de idade, conta Marteau. Era filha de uma mãe por demais apaixonada por todos os comércios; foi vendida a um conde que queria animar sua pequena casa. Gritos, lágrimas, súplicas, raiva, a jovem Louison esbofeteia o conde, mostra as garras e se salva em seu quarto. Mas ela é prisioneira e se torna uma boa enfermeira. É necessário que ela durma e que o comprador a surpreenda sem defesa. Ela sucumbe; ela se resigna. Passa um ano; ela dá à luz. Mas o amor à virtude continua a morar em seu coração. A vigilância é afrouxada. Evade-se com o filho e foge para a casa da mãe. No entanto, em volta dela as cobiças estão sempre à espreita. A provedora do conde não perdeu a esperança de um melhor negócio: ela deve colocar Louison mais uma vez em leilão. Então ela parte a esmo e se refugia na hospedaria de Marteau. Salvai-a, escrevem a Jean-Jacques e a Marteau e a Moulton. Somente vós é que podeis defendê-la e devolvê-la à vida honesta. Rousseau, tocado, apresentou Louison à Maréchale de Luxembourg que se encarregou de velar por ela.

Há muito mais coisas nessas cartas de Neuchâtel, e as correspondências de Rousseau encontraram em *Julie* todas as espécies de conselhos e de sugestões. Guerra aos prejulgamentos injustos, dizem uns, a quem condena as cortesãs arrependidas, escreve Pierre de La Roche, àquelas "miseráveis convenções dos homens", escreve Vernes, a esses "preconceitos bárbaros", a esse "desolador império da falsa honra" que obriga Julie, amante inocente, a amores culpados. Louvores à natureza, dizem alguns outros, maldição sobre as cidades e a civilização; uma única coisa é boa, a paz dos campos e a simplicidade dos desejos.

Eu gostaria de poder viver no campo com alguns amigos, ver apenas a eles e deixar para sempre essa vil Paris onde não encontro nada mais do que tédio e desconforto...

Marteau sonha, como o Barão de Bormes, encontrar uma cabana perto de Jean-Jacques Rousseau, e Madame de Guigniville quer ler *Héloïse* no fundo de uma dileta solidão. Outros, e Cornabé figura entre eles, guardarão os conselhos de educação que oferece Julie, ou escreverão a Jean-Jacques que querem buscar os fantasmas dos amantes nas bordas encantadoras que os viram viver. São estas as influências de detalhe perdidas nos veementes ditirambos em que se exaltam o coração e a virtude.

Aliás, existe outra coisa além dos louvores nesta correspondência de Neuchâtel. O sentimento e a virtude, tal como Rousseau os ensinava, não deviam agradar a todos. Aqueles mesmos que admiram o engenho do autor não se limitam a sempre discutir. Boustan teme a influência nefasta das cartas apaixonadas. F. de Bruc denuncia o veneno escondido sob as flores. Um anônimo mostra-se duro com os dois amantes e Pierre de La Roche não suaviza suas conclusões:

Tenho medo realmente de que, em lugar do nome de Cínico que as pessoas da alta vos têm dado, as pessoas que chamais austeras vos deem o de Temporizador [?]. […] Queimai, pois, a *Nouvelle Héloïse* ou pelo menos, já que é tarde demais, reconhecei que deveria ter sido feito antes de se ter espalhado.

Aqueles ainda colocam nela alguma medida ou algum bom senso. Houve indignações das mais furibundas:

[...] o primeiro volume, escreve Madame Cramer, provoca revolta nas devotas, mas se percebe muito facilmente que vosso maior erro segundo elas é apenas um erro de transposição; elas estão acostumadas a perdoar uma fraqueza somente no último volume

São pessoas, diz Julie de Bondeli, que fazem brilhar às custas de Julie "uma delicadeza da qual se vê que fazem pouco uso aliás". Alguns não se detêm no meio do caminho:

[...] este livro ensina tudo ao mesmo tempo, o ateísmo, o deísmo, o socinianismo, a sedução, a desobediência filial e, sobretudo, muito particularmente, o suicídio e a inutilidade da oração.

Contra esta obra perniciosa não foram demasiadas "todas as blasfêmias" que Pernetti ouve a cada dia "vomitarem contra ela", não foram demais as mais sábias insinuações. Em 1765 será queimada piedosamente a serpente e seu impacto: o *Dictionnaire Philosophique* de Voltaire e aquele que ele formou, o Cavaleiro de La Barre.

O romance de Jean-Jacques não é um preceptor menos nefasto. Milord Pembrocke, conta Pierre de La Roche, homem casado, raptou uma moça de família, Mademoiselle Hunter, e partiu com ela para o estrangeiro. Rousseau, há quem afirme, atou os laços adúlteros. Não foram encontradas no quarto de Mademoiselle Hunter observações sobre *La Nouvelle Héloïse*?

Pelo menos estes adversários tinham como pretexto e como desculpa os escrúpulos de sua consciência. Suas reservas ou suas injúrias são menos singulares ou menos ressequidas do que a opinião das pessoas letradas. É essa realmente a impressão última que se tem da leitura das cartas de Neuchâtel: aqueles que entenderam a obra foram, comumente, não os que tinham o ofício de julgar, mas que ouviram apenas seu instinto ou a perturbação de seu coração. Como *Le Cid*, como raras obras-primas literárias, *La Nouvelle Héloïse* teve o privilégio de forçar com um só golpe as barreiras meticulosas erguidas em torno delas pelos amores-próprios, pelas tradições inquietas, pelas convenções timoratas e tenazes; ela garantiu seu triunfo e seu futuro por meio da cumplicidade espontânea de toda uma geração. Sébastien Mercier assinalava, já no final do século XVIII, este papel medíocre das pessoas letradas. No coro inumerável que se eleva em torno do livro no seu nascimento, deve-se dizer realmente que não se fazem ouvir senão vozes agudas e discordantes. Voltaire, sabe-se disso, todo queimado de inveja, reuniu os sarcasmos apenas para acumular as tolices e as grosserias: "Néscio, burguês, impudente, tedioso…", conclui e ri às gargalhadas do preceptor suíço, da suíça, dos beijos acres e do falso germe. Fábula absurda, plano medíocre, execução pobre, a todo momento coisas grosseiras e vulgaridades, afirma-se em *Correspondance Littéraire*. Madame du Deffand se afoga neste "oceano de eloquência verborrágica" e Buffon se cansa desse repisamento. Marmontel e La Harpe, forçados ao elogio pela opinião vitoriosa, multiplicam as chicanas pueris e as críticas desdenhosas. O cônego Iraith, que escreveu uma *Histoire des Troubles et des Démêlés Littéraires*, não deixa de inscrever nestas querelas o debate sobre *Julie*. Como bom compilador, partiu das pessoas letradas que resume, e admira depois deles o estilo somente para condenar o plano, a intriga, o desenvolvimento, a ação, as personagens, a moral.

D'Alembert compreendeu e soube como dizê-lo; ele detestava a poesia e não era romanesco, mas tinha amado e sofrido – e o amante fala mais alto do que o crítico. Para bem elogiar Rousseau ele não teve muita coisa a seu lado, ao lado de folhas como o *Journal des Savants* e o *Mercure de France*, ao lado de alguns desconhecidos, a não ser o caluniado Jean Fréron. Jean Fréron fala dele longamente com um tal calor de simpatia, um tão vivo sentimento da "natureza física e moral", um tão perfeito discernimento dos defeitos, mas também das vivas belezas do livro que seu julgamento continuaria ainda quase inteiro. Mas Fréron, teriam dito Voltaire ou Grimm, é um escrevinhador, e não um homem de letras. Juntemo-lo, portanto, aos anônimos, aos provincianos, aos burgueses, aos jovens e às mulheres que nos deixaram um pouco de si mesmos nas cartas de Neuchâtel. Por eles, saberemos melhor que, para honra eterna das Letras, não é somente para querelas de Academia, para discussões de cenáculos ou para tagarelices de salão que elas vivem, mas para penetrar mais longe e mais profundamente, para ter lugar entre as forças que revolvem a massa humana e lhe preparam destinos novos.

Posfácio
Daniel Mornet, um (quase) desconhecido entre nós

Marisa Midori Deaecto

Daniel Mornet (1878-1954) nasceu em Bourges, formou-se pela prestigiosa École Normale Supérieure – rue d'Ulm, Paris – onde defendeu sua tese de doutoramento, publicada sob o título *Le Sentiment de la Nature en France, de J.-J. Rousseau à Bernardin de Saint-Pierre* (1907). Dedicou-se, então, ao magistério. Primeiramente, no Liceu de Toulouse. Mas não demorou muito o tempo de seu retorno à Cidade Luz, onde iniciaria uma carreira acadêmica promissora.

Em 1913, foi suplente de Gustave Lanson (1857-1934), o célebre catedrático de História da Literatura Francesa, da Faculté des Lettres de Paris, cujo método de análise, fundado em uma perspectiva centrada na relação entre o autor e seu contexto social, enraizou-se de forma tão predominante entre os de sua geração, que lhe valeu o adjetivo "lansoniano"[1]. Sobreveio a Guerra e nosso autor parte para as trincheiras, vindo a servir como subtenente do exército francês, experiência que será relatada e publicada no livro *Tranchées de Verdun* (1918). Após este interregno dramático, Mornet retoma a rotina de ensino e pesquisa no velho Quartier-Latin, até se alçar, em 1928, ao posto de professor de História da Literatura Francesa do Século XVIII, na Sorbonne.

De Mornet, sabe-se muito pouco. As notas biográficas que se lhe dedicaram são amiúde muito acanhadas, não dispondo sequer de uma fotografia que nos permita associar o nome à figura. Por outro lado, sua produção é prolífica e alguns de seus escritos sobreviveram à ação devoradora da crítica – que jamais lhe fora leve, como veremos – de modo que

---

1. Gustave Lanson, "L'Histoire Littéraire et la Sociologie", *Revue de Métaphysique et de Morale*, vol. 12, n. 4, pp. 621-442, 1904. Mais adiante, recuperaremos as críticas à perspectiva lansoniana, as quais, ao nosso ver, reverberaram sobre a obra de Mornet.

alguns de seus títulos tenham se tornado referência obrigatória para os estudiosos do Século das Luzes. Na ausência de uma biografia que nos permita avançar além desse primeiro esboço, tentaremos traçar algumas linhas mais profundas a partir da obra e dos questionamentos de maior fôlego impressos por nosso autor.

SOBRE LIVROS E LEITORES DESCONHECIDOS

Seu *chef-d'œuvre, Les Origines Intellectuelles de la Révolution Française, 1715-1787* (1933), é fruto de uma pesquisa infatigável, na qual o autor devassou inventários de bibliotecas pertencentes a religiosos e leigos[2], revisitou os jornais da época,

---

2. Uma primeira incursão sobre o tema figura em: Daniel Mornet, "Les Enseignements des Bibliothèques Privées (1750-1780)", *Revue d'Histoire Littéraire de la France*, 27, pp. 449-496, 1910. Segundo Frédéric Barbier, "a articulação entre a economia do livro, as transformações da sociedade em um sentido mais amplo, e a eclosão da Revolução de 1789, foi objeto de numerosos trabalhos, dentre os quais, um dos mais antigos e mais notáveis continua a ser, para o historiador do livro, o artigo consagrado por Daniel Mornet [...]". Disponível em: histoire-du-livre.blogspot.com/search?q=mornet. Acesso em: 13 fev. 2023.

publicados na capital, mas também na província, compulsou cartas, mergulhou em biografias e memórias, com o objetivo de mapear a produção e a circulação intelectual impressa, em um período-chave da história francesa, que antecede a Revolução. Fruto original, vale frisar, tanto pela questão que o autor se propôs a responder, quanto pelas fontes e métodos que conduziram sua investigação. Em suas palavras:

> Nosso estudo se propõe justamente a pesquisar qual foi o papel exato da inteligência na preparação da Revolução. Quais foram as ideias dos grandes escritores; e quais foram aquelas expressas pelos escritores de segunda, terceira ou décima ordem, pois aqueles que são para nós de décima ordem talvez tenham sido, para os contemporâneos, de primeira? [...] De que maneira e como a difusão dos escritos se realizou na medida em que nos aprofundamos das classes mais cultivadas em direção à burguesia, aos pequenos-burgueses e ao povo; na medida em que nos distanciamos de Paris em direção às províncias mais distantes?[3]

3. Daniel Mornet, *Les Origines Intellectuelles de la Révolution Française, 1715-1787*, 4e. édition, Paris, Armand Colin, 1947, p. 2.

Desse mar de documentos emergiram, além dos livros e dos jornais, toda uma miríade de escritos, entre libelos, canções, versos, gravuras, além dos já bastante familiares *cahiers de doléances*, que permitiram ao autor ler e ouvir, portanto, melhor distinguir em seus temperamentos, mas, também, em suas diferentes camadas (sociais?) essa massa anônima de leitores que amplificaram a opinião pública nos estertores do Antigo Regime. Dentre as conclusões mais polêmicas a que chegou Mornet, as quais mantêm vivo o debate sobre a história e a representação da leitura ainda em nossos dias, foi ter observado que, do ponto de vista da circulação e da recepção:

Em matéria política, nem Voltaire (1694-1778), nem Montesquieu (1689-1755), nem Rousseau (1712-1778), nem Diderot (1713-1784) foram revolucionários e, tampouco, os mais frequentes e árduos reformadores. Todas as teses audaciosas ou brutais foram defendidas por escritores de terceira ou de décima ordem. A opinião, aliás, distingue muito mal os verdadeiros gênios dos homens de talento ou dos simples jactanciosos. Raynal (1713-1796) ou Delisle de Sales (1741-1816) foram talvez mais célebres, ou em todo caso, mais lidos do que Diderot [...][4].

Entre os contemporâneos de Mornet, a opinião se viu dividida. Eugène Lavaquery (18--, 19--) lhe dedicou uma crítica implacável, empenhada em lhe apontar os mínimos desvios: as gralhas tipográficas, as faltas bibliográficas – em um conjunto de, aproximadamente, 1600 referências –, o desconhecimento da autoria de algumas publicações anônimas, até questionamentos mais profundos de natureza metodológica[5]. G. Pagès (1869-1934) foi menos severo, embora tenha duvidado de algumas de suas conclusões, em particular, sobre a possibilidade de se mapear "as origens das ideias filosóficas (o que seria bem um outro estudo), [quanto a de] provar (a prova me parece impossível) a

---

4. *Idem*, p. 476. As datas de nascimento e morte dos autores foram por nós acrescidas.

5. Eugène Lavaquery, "Daniel Mornet, *Les Origines Intellectuelles de la Révolution Française, 1715-1787*", *Revue d'Histoire de l'Église de France*, tome 21, n. 90, pp. 86-92, 1935.

ação destas ideias sobre os espíritos". Ao que conclui: "ele não pôde senão precisar e datar as suas manifestações"[6].

Georges Lefebvre (1874-1959) será mais generoso em seu juízo, com a autoridade de herdeiro da cátedra de História da Revolução Francesa, na Sorbonne. Sobre o livro, avalia-o como "um instrumento de trabalho de primeira ordem [...] precioso por seu método". Afinal de contas, o problema da leitura se coloca em uma perspectiva mais ampla, na medida em que "a história das ideias tem por quadro natural a *história*, aquela da vida social em toda a sua profundidade"[7].

---

6. Camille Couderc, "Daniel Mornet, *Les Origines Intellectuelles de la Révolution Française, 1715-1787*", *Revue Historique*, p. 169, 1935.

7. Georges Lefebvre, "Daniel Mornet, *Les Origines Intellectuelles de la Révolution Française, 1715-1787*", *Annales Historiques de la Révolution Française*, 1934, pp. 366-372. Reeditado em 2010, o livro de Mornet foi objeto de nova recensão, em que a fortuna da obra e seus principais comentadores aparecem referenciados (Michel Biard, "Daniel Mornet, *Les Origines Intellectuelles de la Révolution Française, 1715-1787*", *Annales Historiques de la Révolution Française*, 360, pp. 240-241, 2010).

Sem dúvida, um trabalho fecundo, pela tradição na qual se inseriu – o autor declara seu débito a Tocqueville (1805-1859) e a Taine (1828-1893) – mas, podemos dizer, pelos debates vindouros que as questões então levantadas ensejaram[8].

Livros fazem revoluções? É possível flagrar o momento em que as ideias se convertem em ação política? Qual o papel das repúblicas das letras, ou das instituições, por exemplo, a maçonaria, no processo revolucionário? Estas questões continuam a habitar as mentes dos historiadores e leitores instados a compreender

---

8. Parece útil assinalar, como o faz Frédéric Barbier, a conjuntura particularmente tumultuada em que o livro se inscreve, à luz de um contemporâneo. Segundo René Pomeau: "1933, ano em que, na Alemanha, o nacional-socialismo chegava ao poder. Na França, a crise econômica, o enfraquecimento da Terceira República [...], a agitação causada por êmulos dos fascistas italianos e alemães havia criado um ambiente passional. Doutrinários mantinham o processo intentado contra os 'intelectuais' por Barrès e os *antidreyfusards*. Os mesmos, reforçados por outros, chegavam a acusar a Revolução Francesa". Daniel Mornet se colocava, então, nesse campo de batalha, tanto pela escolha do tema, quanto pela realidade tumultuosa na qual seu escrito se inseria. https://histoire-du-livre.blogspot.com/search?q=mornet

as matrizes da Revolução de 1789. Ou, antes, a todos aqueles que se interessam por essas manifestações profundas da vida social, que tocam a história das ideias, certo, mas, também, a dos livros (ou dos impressos) e a das práticas e representações da leitura. Afinal, esses mesmos leitores desconhecidos, tanto quanto os livros relegados à "crítica roedora dos ratos", logo, igualmente desconhecidos, passaram a ser revisitados com maior frequência nos anos de 1970-1980, no momento em que se aproximavam as festividades do Bicentenário da Revolução.

Roger Chartier é o mais explícito dentre os historiadores que repisaram nessas veredas, ao publicar seu *Origens Culturais da Revolução Francesa*. Em princípio, um diálogo aberto com o mestre, em texto originalmente endereçado ao público anglo-saxão[9]. Uma história "mais

---

9. A edição brasileira, estranhamente traduzida do inglês, é apresentada pelos diretores ingleses de uma coleção destinada a rever a história da Revolução Francesa no Bicentenário, em texto virulento, que contrasta com a elegância e o debate respeitoso e elevado conduzido por Chartier. Keith Michael

circunspecta em relação à causalidade", sem dúvida. Menos pretensiosa, poder-ia completar, com respeito à neutralidade e mais apegada ao detalhe do que às séries quantitativas, como declara o autor. E, deve-se acrescentar, profundamente comprometida com o revisionismo historiográfico então em voga, pautado pela crítica às gerações que dominaram os estudos sobre a Revolução, na Sorbonne, a saber, Albert Mathiez (1874-1932), o já citado Georges Lefebvre e Albert Soboul (1914-1982). Nas palavras de Chartier, seu esforço "deve muito

Baker e Steven Laurence Kaplan assinam o artigo na ressaca das festividades de Julho de 1989, fazendo, eles mesmos, tábula rasa da produção que demarcou um século de "hegemonia parisiense", ao celebrar especialistas estrangeiros, mas, o que lhes parece mais importante, sobrepor à cátedra da Sorbonne, dominada "com frequência por métodos teleológicos e tautológicos" – os autores se referem a Albert Soboul – "o assalto revisionista que veio a considerar a interpretação dominante mecaniscista, redutiva e errônea" (Roger Chartier, *Origens Culturais da Revolução Francesa*, trad. George Schlesinger, São Paulo, Ed. Unesp, 2009, pp. 9-23). A edição francesa antecedeu a inglesa em um ano (1990), logo, não reproduziu esta apresentação, nem mesmo nas reedições. O livro foi ainda traduzido para o italiano, espanhol, alemão, japonês e coreano.

ao trabalho dos historiadores que, em anos recentes, viraram de cabeça para baixo nossa compreensão sobre os pensamentos dos franceses no século XVIII"[10].

Outro frequentador assíduo dos escritos de Daniel Mornet é o historiador Robert Darnton[11]. Porém, suas manifestações são menos evidentes. Para citar apenas uma ocorrência, pois o tema bem mereceria uma incursão mais detida sobre os possíveis diálogos entre os dois historiadores, fixemos nossa atenção no breve ensaio "Os Leitores Respondem a Rousseau: Fabricação da Sensibilidade Romântica" (1984)[12]. E a escolha não é fortuita: neste escrito, Darnton mergulha

---

10. Roger Chartier, *Origens Culturais da Revolução Francesa*, p. 11.

11. Entre nós, as análises mais frequentes sobre o tema são de autoria de Robert Darnton, em *Boemia Literária e Revolução. O Submundo das Letras no Antigo Regime* (São Paulo, Companhia das Letras,1987); *Edição e Sedição: O Universo da Literatura Clandestina no Século XVIII* (São Paulo, Companhia das Letras,1992).

12. Robert Darnton, *O Grande Massacre de Gatos e Outros Episódios da História Cultural Francesa*, trad. Sonia Coutinho, 6ª reimpressão, Rio de Janeiro, Graal, 1986, pp. 277-328.

nas mesmas cartas esquadrinhadas por Mornet, as quais se encontram depositadas em meio aos cinquenta mil papéis da STN (Société Typographique de Neuchâtel), arquivo que o historiador estadunidense tornou célebre, embora não tenha sido o primeiro a desbravar, por meio de suas muitas publicações.

No entanto, em lugar de lançar luz sobre os "leitores desconhecidos" de *La Nouvelle Heloïse*, como o propõe Mornet, ele se dedica a perscrutar a vida e os percursos de um só leitor: Jean Ranson. E o que pretende o autor descobrir das manifestações exacerbadas desse burguês bem situado no meio comercial de La Rochelle e que, a exemplo de outros, mas com suas peculiaridades, derramara-se de sentimentos (ou seriam sentimentalismos?) frente ao romance epistolar de Jean-Jacques Rousseau – admiração que se estende, de forma confessa, ao autor da obra?[13] Exatamente aquilo

---

13. Apesar do diálogo em comum, Robert Darnton parece mais empenhado em se filiar à crítica histórica emergente na década de 1960. Como registra logo na primeira nota ao

que Mornet buscava, quase um século antes, naquelas cartas cuidadosamente coligidas por um autor cioso de ter atingido seus leitores nos flancos, ou seja, os gestos e as sensibilidades, senão, as formas de ler dos leitores de dantes. Pois, segundo Darnton:

[...] escritor e leitor, juntos, realizavam uma transformação no modo de comunicação que ia muito além da literatura, e que deixaria sua marca em várias gerações de revolucionários românticos[14].

estudo em tela: "Este ensaio é uma tentativa de combinar a história tradicional, baseada em pesquisa de arquivos, com a interpretação de textos do tipo desenvolvido por críticos literários como Wolfgang Iser, Hans Robert Jauss, Wayne Booth, Stanley Fish, Walter Ong, Jonathan Cutler, Louis Marin e outros [...]" (Robert Darnton, *O Grande Massacre de Gatos*, p. 357).

14. Robert Darnton, *O Grande Massacre de Gatos*, pp. 322-323.

LETTRES

DE DEUX AMANS,

Habitans d'une petite Ville
au pied des Alpes.

RECUEILLIES ET PUBLIÉES

PAR J. J. ROUSSEAU.

PREMIERE PARTIE.

*Non la conobbe il mondo, mentre l'ebbe:
Conobill' io ch' a pianger qui rimasi.*
Petrarc.

A AMSTERDAM,
Chez MARC MICHEL REY.
MDCCLXI.

DANIEL MORNET, UM (QUASE) DESCONHECIDO ENTRE NÓS

DE VOLTA AOS LEITORES DESCONHECIDOS DE ROUSSEAU

Lettres de Deux Amans, Habitans d'une Petite Ville au Pied des Alpes, mais comumente conhecido por *La Nouvelle Héloïse*, ou simplesmente *Julie*, em homenagem à heroína, é um romance epistolar de Jean-Jacques Rousseau, publicado em dois volumes, em Amsterdam, pelo editor Rey, em 1761.

O enredo traz à luz a paixão da jovem nobre Julie d'Étange por seu preceptor, o não menos jovem, porém, humilde Saint-Preux. Envoltos pela paisagem do Lago Léman, o casal se ama em segredo, impedidos, é certo, pelas convenções sociais que os atormentam. Mas a separação se torna inevitável. Logo, Saint-Preux parte para Paris e Londres, distanciamento que motiva o longo período de trocas epistolares. Julie, após anos de solidão e sofrimento, atende aos apelos da razão e se casa com o velho Senhor de Wolmar, dedicando seus votos à vida conjugal, como esposa e mãe. O amor jamais esquecido dará vazão às lembranças e, da parte dos leitores, a uma série de considerações sobre a paixão, os casamentos arranjados (*marriage de convenance*), os confrontos entre a razão e a sensibilidade, o dever, a honra, a honestidade dos sentimentos... Rousseau, sem dúvida, colocara em xeque as convenções sociais sob o manto da moral, sem, contudo, descartar os apelos do coração, em detrimento da razão. Pelo menos, esta é a palavra da crítica que lhe reconheceu o alto valor como romance precursor do Romantismo. Mas o que disseram seus leitores contemporâneos?

À revelia da crítica dominante, ou melhor, da opinião expressa por boa parte da República das Letras, como o assinala Mornet, *La Nouvelle Héloïse* conheceu a seu tempo um sucesso editorial inquestionável. Um *best-seller*, para usar termo muito comum em nossos dias. Os leitores já o aguardavam antes mesmo de sua publicação. Cópias de manuscritos, contrafações e rumores vindos de todas as partes, tornava a espera ainda mais nefanda:

Os livreiros da rue Saint-Jacques ou do Palais-Royal são assediados por perguntas. A fama cruza a fronteira: "Tenho em mãos, escreve Rey, cartas da Alemanha, de Genebra, de Paris, onde vejo que se conhece o romance não apenas pelo título, mas também pelo que ele contém". Mas o impressor deve despachar os maços de Amsterdam em pleno dezembro de 1760 (pp. 12-13).

Os canais estão congelados; o mar encrespado. Quando os livros atingem Paris, uma edição expurgada de "excessos" corria por toda a França. Mas isso não apaga o brilho do escrito original.

Todos aqueles que nos falam dele competem em hipérboles. "As edições desaparecem num piscar de olhos", escreve um. Nos locais de passeio, escreve outro, "há somente uma voz a exaltá-lo até às nuvens" (p. 14). A procura de exemplares ultrapassou tanto o fornecimento que os livreiros alugavam o livro por dia e até por hora, de acordo com L.-S. Mercier (1740-1814). Pelo menos setenta edições foram publicadas antes de 1800 – provavelmente, mais do que qualquer outro romance da história editorial anterior – observa Robert Darnton[15].

Até meados do século XIX, o romance continua a agitar seus leitores, mas não demora a cair em esquecimento. Daniel Mornet é responsável por sua nova aparição, ao publicar, primeiramente, em 1909, o artigo ora vertido para o português, e, em 1925, uma edição crítica de *La Nouvelle Héloïse*, "a partir dos manuscritos e edições originais com suas variantes, e uma introdução de notícias e notas"[16].

Pois, mais surpreendente do que as informações acerca da fortuna editorial do romance, foi a fortuna deixada por seus leitores, através da fortuna epistolar que Jean-Jacques Rousseau colecionou, ao colher os frutos de seu sucesso. Sobre o destino das cartas, o texto esclarece: alguns primeiros exemplares, assinados por nomes conhecidos, foram publicados por Streckeisen-

15. *Idem*, p. 310.
16. J.-J. Rousseau, *La Nouvelle Heloïse*, édition historique et critique, Paris, Hachette, 1925-1926, 4 vols. (Collection des Grands Écrivains de la France).

-Moultout[17]; em 1909, a coleção, herdada por Du Peyrou, foi depositada na Bibliothèque de Neuchâtel. Daniel Mornet se valeu da consulta a estes manuscritos. Novos estudos fariam recrudescer o interesse pelos leitores de Rousseau, com especial atenção para Daniel Roche, em 1971[18], talvez, motivado pelo trabalho exaustivo de edição crítica de toda a correspondência de Rousseau, por R. A. Leigh[19].

Mas o que pretende Daniel Mornet, ao assinar este longo artigo sobre os leitores de *Julie*, no alvorecer de sua vida acadêmica quando as primeiras tintas sobre a literatura filosófica eram apenas derramadas? Ora, o que poderia mais esperar o

---

17. *J.-J. Rousseau, ses Amis et ses Ennemis*, correspondance publiée par M. G. Streckeisen-Moultou avec une Introduction de M. Jules Levallois et une appréciation critique de M. Sainte-Beuve, Paris, Michel Lévy Frères, 1965, 2 vols.

18. Roche Daniel, "Les Primitifs du Rousseauisme: Une Analyse Sociologique et Quantitative de la Correspondance de J.-J. Rousseau", *Annales. Economies, Sociétés, Civilisations*, 26ᵉ année, n. 1, pp. 151-172, 1971.

19. *Correspondance Complète de Jean-Jacques Rousseau*, édition complète des lettres, documents et index par R.A. Leigh, Paris, Fondation Voltaire, 1965-1998, 51 vols.

jovem historiador da literatura, senão, como ele mesmo o declara, a propósito de sua descoberta:

O que nos interessa é justamente o que interessou ao próprio Rousseau. Este inimigo dos homens não desdenhou muito a não ser a presença deles. Guardou o que vinha deles, desde que falassem dele mesmo e colecionou mais de duas mil cartas de correspondentes (p. 16).

Mas é preciso assinalar que há algo de extremamente provocativo na leitura desse breve e tão prematuro ensaio. Mergulhado nos papéis da Bibliothèque de Neuchâtel, o historiador da literatura quebra, enfim, a distância fria que amiúde se guardava entre o Autor e o Leitor. Na teia construída por todas essas cartas eivadas de suspiros e sentimentalismos arrebatados, o estudioso define as principais linhas do leitor moderno e do "romance romântico", destinado a "bater nos flancos" de seus leitores e de os "aquecer"[20]. Sabemos que a

20. Não por acaso: "Foi Rousseau, neste trecho dos seus *Devaneios de um Caminhante Solitário*, de 1777, quem introduziu na língua francesa o vocabulário *romântico*, que até então significava: como nos antigos romances, e aproxima-se de

operação é complexa. Muitos intelectuais se debaterão durante todo o século XX sobre o problema. Nesse primeiro instante, o que se define é o pacto com "a verdade". Mas uma verdade deveras fluida, em que as figuras se confundem e, através de um exercício intenso, torna-se igualmente fluido o limite entre o arrebatamento puro e a emulação refletida do missivista-leitor que passa a escrever (e a pensar) como o Autor. O Leitor sente as dores da personagem. Ele vive a verdade do romance. Eis, aqui, a chave para se o atingir: fazê-lo viver a verdade do que se lê, sem distanciamento.

Em *Os Admiradores Desconhecidos de* La Nouvelle Heloïse, Mornet converte os leitores do romance em protagonistas da história. A mudança de perspectiva causa espécie, vinda de um jovem que iniciara a vida acadêmica como substituto de Gustave Lanson, como já assinalado[21]. Um

---

tudo aquilo que poderia ser visto como pitoresco, fabuloso" (Elias Thomé Saliba, *As Utopias Românticas*, São Paulo, Brasiliense, 1991, p. 3).

21. A perspectiva lansoniana teve implicações enormes na oposição que se lhe faz o *new criticism* e os formalistas russos (estas duas abordagens dominantes entre o início do século

balanço das vertentes analíticas que mobilizaram o velho Quartier-Latin no campo da história e da crítica literária viria a lume em 1990, quando Roger Chartier retoma a questão autoral a partir de uma conferência proferida por Michel Foucault (1926-1984), sob o título "Qu'est-ce qu'un l'Auteur?"[22] A escolha não poderia ser menos eloquente do ponto de vista do *parti pris* defendido por Chartier. Distante dos radicalismos que movimentaram Paris no simbólico 1968, e de suas reverberações por todas as partes, esse balanço se apresenta bem como expressão de um *juste milieu* conceitual e

---

xx e a década de 1960) e, no final da década de 1960 até os anos de 1990, quando o estruturalismo se torna hegemônico. O "deslocamento" radical da análise centrada no autor para o leitor se dá, entretanto, após o surgimento e prestígio da chamada "estética da recepção", ou "teoria da recepção", tal como proposta por Hans Robert Jauss e seus seguidores, a partir dos anos 1960, devendo-se, ainda, assinalar a importância da "estilística alemã", por Leo Spitzer e Erich Auerbach. Nota redigida por José de Paula Ramos Jr.

22. Michel Foucault, " 'Qu'est-ce qu'un Auteur?', (Société Française de Philosophie, 22 février 1969; Débat avec M. de Gandillac, L. Goldmann, J. Lacan, J. d'Ormesson, J. Ullmo, J. Wahl), *Bulletin de la Société Française de Philosophie*, 63ᵉ année, vol. 3, pp. 73-104, juillet-septembre 1969.

teórico. Embora estivesse fora de dúvida a importância do deslocamento da produção do sentido do Autor para o Leitor, naquele confronto agora ultrapassado com a escola lansoniana, não haveria mais razão para se deslocar totalmente a "função autor" do livro. A riqueza do diálogo, ou ajuste de contas, consiste justamente na reflexão que se abre sobre o peso das condicionantes históricas na construção do Autor e nos mecanismos que ativam suas atividades e funções, sejam eles de natureza jurídica, repressiva ou material[23]. Mas esta é matéria para outro estudo[24].

Felicitemo-nos por esta primeira e primorosa tradução de um estudo de Daniel Mornet entre nós. Um escrito conciso, é certo, porém, denso, resultado de uma leitura intensiva do Século

---

23. Notemos que em lugar de uma discussão sobre a natureza do autor de carne e osso, Chartier, à luz de Foucault, desloca o debate para a função do autor na sociedade (Roger Chartier, "Figuras do Autor", *A Ordem dos Livros*, trad. Mary Del Priori, Brasília, Ed. UnB, 1992, p. 58).

24. Cf. Marisa Midori Deaecto, *A História de um Livro*, A Democracia na França, *de François Guizot (1848-1849)*, Cotia, SP, Ateliê Editorial, 2021.

das Luzes e de um profundo conhecimento do autor do *Contrato Social*. E se, como nosso autor demonstrará noutros estudos, o leitor médio francês não se apoiou nesse grande clássico da literatura filosófica que a crítica imortalizou, Rousseau foi, sem dúvida, objeto de inspiração para todos aqueles que reconheceram nele uma fonte nova de sensibilidades. Saudemos, portanto, esses leitores que a crítica por muito tempo legou ao esquecimento.

OBRAS DE DANIEL MORNET EM
ORDEM CRONOLÓGICA

———◆———

Le Sentiment de la Nature en France, de J.-J. Rousseau à Bernardin de Saint-Pierre. Paris, Hachette, 1907.

L'Alexandrin Français dans la Deuxième Moitié du XVIIIe Siècle. Toulouse, Privat, 1907.

Le Texte de la Nouvelle Héloïse et les Éditions du XVIIIe Siècle. Genève, Éditions des Annales J.-J. Rousseau, 1910.

Les Sciences de la Nature en France au XVIIIe Siècle. Paris, Armand Colin, 1911.

Le Romantisme en France au XVIIIe Siècle. Paris, Hachette, 1912 (Prix Marcelin Guérin de l'Académie Française, 1913).

Tranchées de Verdun. Paris, Berger-Levrault, 1918.

"Le XVIIIe Siècle (de 1750 à 1789)". *Histoire Générale de la Littérature Française*. Publiée sous la direction de J. Bédier et P. Hazard. Paris, Larousse, 1924.

Histoire de la Littérature et de la Pensée Française (I); *Histoire des Grandes Œuvres de la Littérature Française* (II). Paris, Larousse, 1924.

Jean-Jacques Rousseau. Morceaux Choisis. Avec une introduction et des notes par Daniel Mornet. Paris, H. Didier et Ed. Privat, 1925.

J.-J. Rousseau. *La Nouvelle Héloïse*. Édition historique et critique par Daniel Mornet. Paris, Hachette, 1925-1926, 4 vols. (Prix Saintour de l'Académie Française, 1926).

La Pensée Française au XVIIIe Siècle. Paris, Armand Colin, 1926.

Histoire de la Littérature et de la Pensée Françaises Contemporaines (1870-1927). Paris, Larousse, 1927.

Histoire de la Clarté Française. Ses Origines, son Évolution, sa Valeur. Paris, Payot, 1929.

Précis de Littérature Française. Paris, Larousse, 1929.

Les Origines Intellectuelles de la Révolution Française. Paris, Armand Colin, 1933.

Racine: Théâtre. Publié avec des introductions et des notes de Daniel Mornet. Paris, Mellottée, 1934.

OBRAS DE DANIEL MORNET EM ORDEM CRONOLÓGICA

Cours Pratique de Composition Française à l'Usage des Candidats aux Examens des Enseignements Primaire Supérieur, Secondaire et Supérieur. Paris, Larousse, 1934.

La Littérature Française Enseignée par la Dissertation à l'usage des Candidats aux Examens des Enseignements Primaire Supérieur, Secondaire et Supérieur. Paris, Larousse. 1936.

La Pensée Française au XVIIIe Siècle. Paris, Armand Colin, 1936.

Cours Pratique de Composition Française. Paris, Larousse, 1937.

Introduction à l'Étude des Écrivains Français d'Aujourd'hui. Paris, Boivin & Cie. 1939.

Diderot, L'Homme et l'Œuvre. Paris, Boivin & Cie., 1941.

Nicolas Boileau. Paris, Aux Armes de France, 1942.

Jean Racine. Paris, Aux Armes de France, 1944.

Andromaque de Racine. Paris, Melotée, 1945 (Collection Les Chefs-Œuvre de la Littérature Expliqués).

Cours Pratique d'Éloquence Usuelle, l'Art de Parler en Public. Paris, École Universelle par Correspondance, 1945.

Rousseau. L'Homme et l'Œuvre. Paris, Hatier, 1950.

Molière. Paris, Hatier, 1958.

Coleção Bibliofilia

1. *A Sabedoria do Bibliotecário* – Michel Melot
2. *O Que É Um Livro?* – João Adolfo Hansen
3. *Da Argila à Nuvem: Uma História dos Catálogos de Livros (II Milênio – Século XXI)* – Yann Sordet
4. *As Paisagens da Escrita e do Livro – Uma Viagem Através da Europa* – Frédéric Barbier
5. *Bibliofilia e Exílio: Mikhail Ossorguin e o Livro Perdido* – Bruno Barretto Gomide (org.)
6. *A Vida Notável e Instrutiva do Mestre Tinius* – Johann Georg Tinius
7. *Os Admiradores Desconhecidos de* La Nouvelle Héloïse – Daniel Mornet
8. *As Bibliotecas Particulares do Imperador Napoleão* – Antoine Guillois

Título	Os Admiradores Desconhecidos
	de La Nouvelle Héloïse
Autor	Daniel Mornet
Editor	Plinio Martins Filho
Coordenação editorial	Marisa Midori Deaecto
Posfácio	Marisa Midori Deaecto
Tradução	Geraldo Gerson de Souza
Revisão	Marisa Midori Deaecto
	Plinio Martins Filho
	Simone Oliveira
Produção editorial	Millena Machado
Capa	Gustavo Piqueira e
	Samia Jacintho/Casa Rex
Editoração eletrônica	Victória Cortez
Formato	10 × 15 cm
Tipologia	Aldine 401 BT
Papel do miolo	Chambril Avena 90 g/m^2
Número de páginas	88
Impressão do miolo	Lis Gráfica
Impressão da capa	Oficinas Gráficas da Casa Rex